Genussmomente

SATTMACHER-SALATE

EIN BUCH DER
EDITION MICHAEL FISCHER

INHALTS-VERZEICHNIS

GRUNDLAGEN

SALAT-BASICS

EINFACH KALT GESTELLT

Das Wort Salat stammt ursprünglich von dem französischen Wort „salade“ ab und bedeutet eingesalzen. Es wurden frische Pflanzen der Saison durch das Einsalzen haltbar gemacht, um im Winter entsprechend konservierte Lebensmittel nutzen zu können.

Die zunehmende Vernetzung und Globalisierung bieten uns heutzutage ganzjährig eine Rundumversorgung mit Obst und Gemüse, sodass das Wort Salat und vor allem das Gericht eine vollkommen neue Bedeutung bekommen hat. Auch die Erweiterung der Zutaten mit Fleisch, Fisch, Nudeln, Kartoffeln, Getreide, Eiern und Früchten eröffnet viele neue Möglichkeiten. Ob aus rohen oder gegarten Zutaten, das Hauptkriterium eines Salates besteht im Anspruch darin, kalt serviert zu werden.

BOXENSTOPP UND SHAKEN

Salat lässt sich auch wunderbar mit ins Büro nehmen, um dort einen gesunden „Boxenstopp" einzulegen.

Dazu kann man die Pausenbox mit extra frisch geschnittenen Zutaten wie Möhren, Zucchini, Salatherzen, Oliven, Paprikaschoten, Gurke und auch Käse oder Schinken bestücken. Und in einem separaten Becher das Dressing dazu mitnehmen.

Nach dem neuesten Foodtrend – Shaking Salads – wird jetzt geschüttelt: Dazu einfach ein entsprechendes Twist-off-Glas nehmen und darin die geschnittenen Zutaten einschichten. Beispielsweise gekochten kalten Curry-Reis, dann grüne Bohnen, Tomatenstücke, ein paar Streifen Eisbergsalat und obenauf gehackte und gemischte Kräuter. Dann muss man nur noch eine Vinaigrette darübergießen und das Glas verschließen. Und vor dem Verzehr das gefüllte Glas nach dem Motto „Shake it, Baby“ schütteln.

ALLES SO SCHÖN BUNT

In einen Salat passt eigentlich alles. Gemüse, Pilze, Kräuter, Früchte, Nüsse, Keimlinge, Samen und Getreide. Aber auch eingelegtes oder gekochtes Gemüse und Käse. Fleisch, Fisch und Meeresfrüchte werden gebraten, gegrillt, gekocht oder geräuchert und finden, in mundgerechte Stücke geschnitten, auch ihren Platz im Salat.

Es kommt immer auf die Komposition an, ob ein Salat ein leichtes, kalorienarmes Gericht oder einen Beilagensalat darstellen soll – oder eine vollständige Hauptmahlzeit mit den verschiedensten Komponenten. Im Allgemeinen gilt: Früher war Salat noch Nebensache, heute stellen die kunterbunt bestückten Teller eine komplette Mahlzeit dar.

WEGWEISER DURCH
Felder, Wald und Wiesen

GEMÜSE, PILZE UND SALATE

Brokkoli
Die grüne Schwester des Blumenkohls ist in ganzen Röschen, fein gehobelt oder blanchiert eine bekömmliche Salatzutat.

Champignons
Die Pilze roh und feinblättrig oder gebraten im Salat verwenden.

Chilischoten
Chili schmeckt frisch oder getrocknet zu pikanten und fruchtigen Salaten.

Chinakohl
Er wird oft in Wintermonaten verzehrt, wenn das Salatangebot nicht so üppig ist.

Feldsalat
Dieser Salat steht meist im Winter auf der Speisekarte.

Frühlingszwiebeln
Ingwer ist frisch in allen Geschäften erhältlich und wird besonders von denjenigen bevorzugt, die keine Zwiebeln oder Knoblauch mögen.

Pak Choi
Pak Choi ist auch als chinesischer Senfkohl bekannt und wird gern mit Mangold verglichen. In Streifen geschnitten, ist er besonders in asiatisch gewürzten Salaten sehr gut aufgehoben.

Rucola
Rucola, auch als Rauke bekannt, schmeckt solo nussig-würzig oder auch gemischt mit anderen Salatsorten..

Salatgurken
Gurken sind ganzjährig im Angebot. Sie schmecken sehr gut in Kombination mit Borretsch, Dill, Schnittlauch, Minze und Koriandergrün.

Spargel
Ob weiß, grün oder grün/violett, er eignet sich roh, gebraten oder gekocht im Salat.

Spinat
Die jungen Blättchen des Spinats sind ideal für leckere Salate.

Wildkräuter
Wildkräuter wie Brennnessel und Löwenzahn gibt es in kultivierter Form auf Bauern- und Wochenmärkten.

NÜSSE, KEIMLINGE UND SAMEN

Keimlinge
Gibt es von allen Samen/Körnern im Angebot, z. B. Kichererbsen, Erbsen, Kresse, Radieschen, Sonnenblumen, Linsen, Senf.

Kürbiskerne
Die dekorativen Kerne sind die idealen Eiweißlieferanten.

Nüsse

Cashewkerne, Macadamia, Haselnüsse, Erdnüsse, Mandeln, Pinienkerne und Walnüsse sind das perfekte Topping.

Sesam

Sesam am besten zerstoßen oder leicht geröstet über den Salat geben.

FRÜCHTE

Äpfel

Äpfel gib es in zig verschiedenen leckeren Sorten. Für den Salat in Scheiben oder Spalten schneiden oder raspeln. Verleiht dem Gericht mehr Frische!

Avocados

Die Früchte sind reich an essenziellen Fettsäuren, die besonders gesund sind und daher den relativ hohen Kalorienwert verteidigen können.

Beeren

Egal, ob Himbeeren, Johannisbeeren, Stachelbeeren, Brombeeren oder Heidelbeeren: Die Auswahl ist riesig und bietet eine schöne Ergänzung – nicht nur optisch, sondern auch geschmacklich – zu den verschiedensten Salatkreationen. Auch gut für Dressings!

Erdbeeren

Die fruchtigen Beeren passen immer, auch in pikante Salate.

Melonen

Hier gibt es etliche leckere Sorten. Erfrischender, kalorienarmer Geschmack!

Zitrusfrüchte

Grapefruits, Orangen, Mandarinen, Limetten, Pomelos und Zitronen: Sie lassen sich solo einsetzen, aber auch beliebig variieren.

KRÄUTER UND GEWÜRZE

Cayennepfeffer

Die getrockneten und pulverisierten Chilischoten sind zum Abrunden von Saucen und Dressings immer zu empfehlen.

Curry

Diese Gewürzmischung besteht aus mindestens sieben, oftmals bis zu 20 Gewürzen. Für Salate ein toller und pikanter Gewürzkick.

Honig

Honig ist der natürliche Universalsüßer. Am besten auf das Angebot der unterschiedlichsten Honigsorten achten: Von Orangenblütenhonig bis hin zu Rosenblütenhonig gibt es so ziemlich alles.

Kreuzkümmel

Das Gewürz ist in der orientalischen und asiatischen Küche sehr beliebt und gibt Salaten oft den richtigen Aromakick.

Safran

Egal, ob in pulverisierter Form oder als Fäden: Safran verleiht vielen Salaten oder auch Dressings ein zusätzliches würziges Aroma. Unbedingt probieren!

SAISONKALENDER

OBST	JAN	FEB	MÄR	APR	MAI	JUNI	JULI	AUG	SEP	OKT	NOV	DEZ
Ananas												
Äpfel												
Apfelsinen/Orangen												
Aprikosen												
Avocados												
Bananen												
Birnen												
Brombeeren												
Erdbeeren												
Esskastanien												
Feigen												
Grapefruit												
Haselnüsse												
Heidelbeeren												
Himbeeren												
Johannisbeeren, rot												
Johannisbeeren, schwarz												
Kirschen, sauer												
Kirschen, süß												
Kiwis												
Limetten												
Litschis												
Mandarinen												
Mangos												
Melonen												
Mirabellen, Renekloden												
Pampelmusen												
Papayas												
Pfirsiche, Nektarinen												
Pflaumen, Zwetschen												
Preiselbeeren												
Quitten												
Stachelbeeren												
Tafeltrauben												
Walnüsse												
Wassermelonen												
Zitronen												

ERKLÄRUNG

Monat mit starken Importen

Monat mit geringen Importen

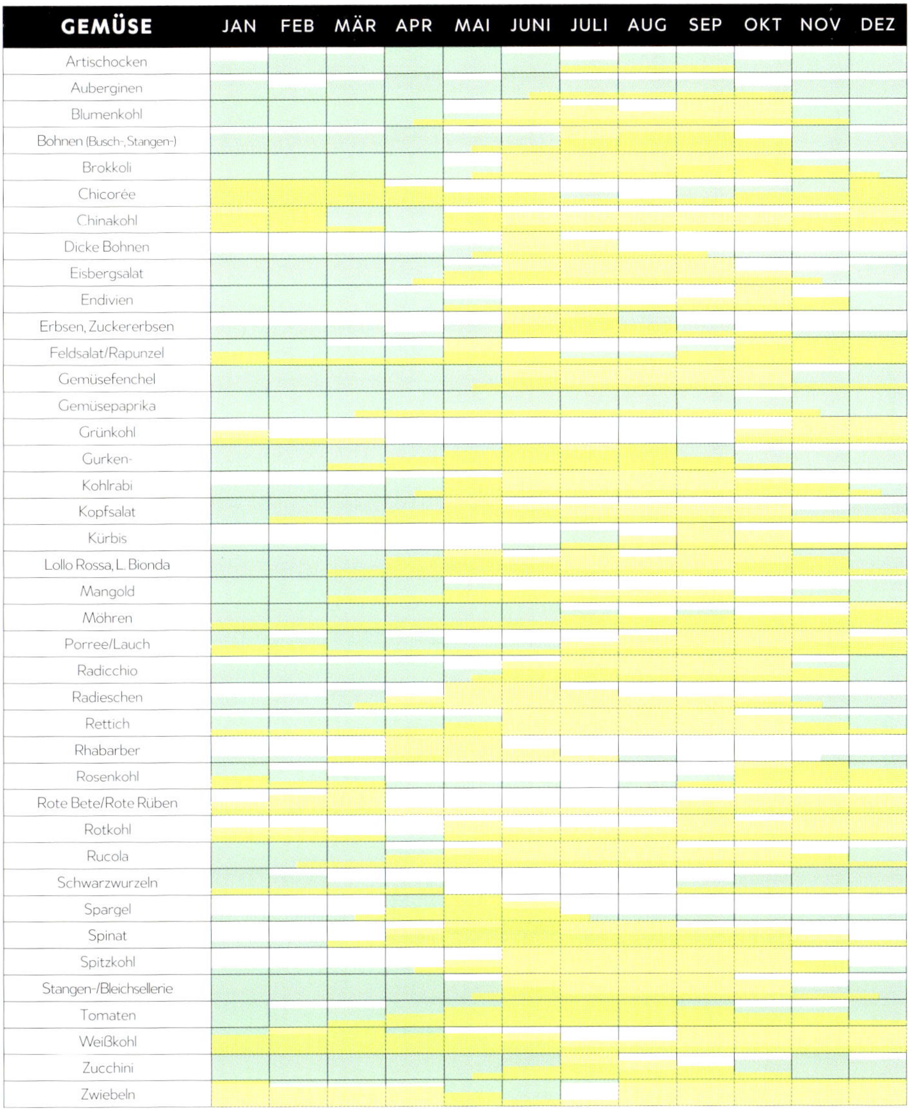

Monat mit großem Angebot aus heimischen Anbau

Monat mit großem Angebot aus heimischem Anbau und gleichzeitig geringen Importen

REZEPTE

FRÜHLINGSSALAT

mit Halloumi & Beeren

FÜR 4 PERSONEN

- 250 g Halloumi
- 2 EL Olivenöl

Für das Dressing

- 2 EL Himbeeressig
- 1 TL Dijon-Senf
- 4 EL Olivenöl
- 1 EL Blütenhonig
- Salz
- Pfeffer

Für den Salat

- 2 Stängel Minze
- 100 g Feldsalat
- 200 g Erdbeeren
- 100 g Heidelbeeren
- 2 EL Granatapfelkerne

SO GEHT'S

1 Den Halloumi in dünne Scheiben schneiden. Das Öl in einer beschichteten Grillpfanne erhitzen. Den Halloumi darin von jeder Seite 2–3 Minuten knusprig anbraten. Himbeeressig, Senf, Olivenöl, Honig, Salz und Pfeffer zu einem Dressing verrühren.

2 Die Minze waschen, Blätter abzupfen und bis auf ein paar Blätter für die Garnitur in feine Streifen schneiden. Den Feldsalat gründlich waschen und trocken schleudern. Die Erdbeeren und Heidelbeeren ebenfalls waschen, trocken tupfen und die Erdbeeren in Viertel schneiden.

3 Den Halloumi, die Minze und den Feldsalat in eine Schüssel geben, mit Beeren und den Granatapfelkernen garnieren. Erst kurz vor dem Servieren das Dressing darübergeben, damit der Feldsalat nicht zusammenfällt.

GRÜNER SPARGEL-SALAT

mit Erdbeeren

FÜR 4 PERSONEN

- 800 g grüner Spargel
- 4 EL Olivenöl
- 400 g Bio-Erdbeeren
- 2 EL Erdnusscreme
- 2 TL Sojasauce
- 1 TL flüssiger Honig
- 4 TL Zitronensaft
- Salz
- Pfeffer
- ½ TL Ingwerpulver

SO GEHT'S

1 Spargel waschen, Enden abschneiden und in mundgerechte Stücke schneiden. Mit Öl in einer Pfanne unter gelegentlichem Rühren für 5 Minuten anbraten.

2 In der Zwischenzeit Erdbeeren waschen, trocken tupfen und vierteln. Für das Dressing Erdnusscremee mit Sojasauce, 4 EL Wasser, Honig und Zitronensaft mischen. Mit Salz, Pfeffer und Ingwer würzen. Lauwarmen Spargel mit Erdbeeren und Dressing mischen und genießen.

TIPP

Grüner Spargel muss nicht aufwendig geschält werden.

FRÜHLINGS-
Kartoffelsalat

FÜR 4 PERSONEN

- 800 g junge Bio-Kartoffeln mit dünner Schale
- 250 g grüner Spargel
- 1 Bund Möhren
- Salz
- 100 g TK-Erbsen
- 1 große reife Avocado
- 1 EL Zitronensaft
- 1 Bund Schnittlauch
- 1 große Handvoll Kerbel
- 3 Stängel Estragon
- 200 g Saure Sahne
- 2 EL Weißweinessig
- Pfeffer
- 2–3 Msp. Chilipulver

SO GEHT'S

1 Die Kartoffeln gründlich waschen bzw. richtig gut sauber schrubben, dann in ausreichend Wasser in ca. 15–20 Minuten garen. Anschließend ausdampfen lassen und mitsamt Schale je nach Größe halbieren oder in Stücke schneiden.

2 Währenddessen den Spargel waschen, holzige Enden wegschneiden oder schälen und die Stangen in ca. 2,5 cm lange Stücke schneiden, Köpfe ganz lassen. Die Möhren schälen und in ca. 3 mm dicke Scheiben schneiden. Ausreichend Wasser zum Kochen bringen, salzen, Möhren und Spargel hineingeben und in 5–7 Minuten bissfest garen, dabei gegen Ende für 3 Minuten die Erbsen dazugeben und mitgaren. Das Gemüse in einen Sieb abgießen und kurz kalt abbrausen, abtropfen lassen.

3 Die Avocado halbieren, Kern entfernen und schälen. Das Fruchtfleisch in ca. 1 cm große Würfel schneiden und sofort im Zitronensaft wenden, damit es nicht braun wird. Schnittlauch waschen, trocken schütteln und in Röllchen schneiden, den Kerbel und Estragon waschen und gut trocken schütteln. Estragonblätter abzupfen und grob zerschneiden, Kerbel nur grob zerrupfen. Die Hälfte Kerbel mit dem gesamten Estragon, 1 EL Saure Sahne und Essig pürieren, dann die übrige Saure Sahne unterrühren und mit Salz, Pfeffer und Chili würzen.

4 Die lauwarm abgekühlten Kartoffeln mit Möhren, Erbsen und dem Dressing mischen und evtl. nochmals mit Salz, Pfeffer und Chili abschmecken, dann die Avocado, übrigen Kerbel und den Schnittlauch unterheben.

LOMI LOMI SALMON

Hawaiianischer Lachssalat

FÜR 4 PERSONEN

Für den Lachs
- 600 g Lachsfilet (Sashimi-Qualität)
- Salz

Für den Reis
- 400 g Sushi-Reis (japanischer Rundkornreis)
- 4 EL Reisessig
- 4 TL Zucker
- Salz

Für die Salatsauce
- 4 cm frischer Ingwer
- 2 Knoblauchzehen
- 120 ml Sojasauce
- 4 EL Reisessig
- 2 EL Mirin (Reiswein)
- 1 EL Zucker
- 2 EL geröstetes Sesamöl

Für den Salat
- 8 Tomaten
- 4 Frühlingszwiebeln
- 4 rote Zwiebeln
- 1 Nori-Blatt

SO GEHT'S

1 Für den Lachs am Vortag das Lachsfilet gut trocken tupfen und mit 4 TL Salz rundherum einreiben. In Frischhaltefolie wickeln und 24 Stunden im Kühlschrank ruhen lassen.

2 Für den Sushi-Reis diesen in eine Schüssel geben, mit Wasser bedecken und mit der Hand durchkneten. In einem Sieb abgießen und so lange kalt abspülen, bis das Wasser klar bleibt. Etwa 20 Minuten abtropfen lassen. Anschließend mit 480 ml Wasser in einem Topf offen bei mittlerer bis starker Hitze zum Kochen bringen. Ca. 2 Minuten kochen, dann zugedeckt 20 Minuten auf dem ausgeschaltetem Herd quellen lassen. Den Topf beiseitestellen, den Deckel entfernen und mit einem Küchentuch bedeckt 10 Minuten stehen lassen. Inzwischen Essig, Zucker und 1 TL Salz in einer kleinen Schale verrühren, bis sich beides aufgelöst hat. Den Reis in eine weite Schüssel umfüllen und ausbreiten. Die Essigmischung darüberträufeln und vollständig abkühlen lassen.

3 Für die Sauce den Ingwer schälen und fein reiben, den Knoblauch schälen und fein hacken. Ingwer, Knoblauch, Sojasauce, Essig, Mirin und Zucker in einer Schale verrühren, bis sich der Zucker aufgelöst hat. Das Öl dazugeben und verrühren.

4 Für den Salat die Tomaten waschen, entkernen, dann in kleine Würfel schneiden. Die Frühlingszwiebeln putzen, waschen und in feine Ringe schneiden. Die Zwiebeln schälen und fein würfeln.

5 Den Lachs unter kaltem Wasser abwaschen, gut trocken tupfen und in ca. 1 cm große Würfel schneiden. Tomate, Frühlingszwiebeln, Zwiebeln und Lachs mit der Sauce vermischen, abdecken und 5 Minuten in das Eisfach stellen. Das Nori-Blatt halbieren, übereinanderlegen und in feine Streifen schneiden. Den Reis auf Schalen verteilen, den Lachssalat darauf anrichten, mit den Nori-Streifen bestreuen und sofort servieren.

NIZZA-SALAT

mal anders

FÜR 4 PERSONEN

- 320 g Orzo-Nudeln
- Salz
- 200 g grüne TK-Bohnen (aufgetaut)
- Olivenöl
- 20 Kirschtomaten
- 4 rote Zwiebeln
- 4 Eier (Größe M)
- 480 g Thunfisch (Dose)
- 4 EL Aceto balsamico bianco
- 2 TL mittelscharfer Senf
- Pfeffer
- Zucker
- 2 Salzzitronen
- 12 Stängel glatte Petersilie
- 80 g Pesto (Fertigprodukt)

SO GEHT'S

1 Die Nudeln nach Packungsanleitung in reichlich Salzwasser bissfest garen.

2 In der Zwischenzeit die Bohnen in ca. 3 cm große Stücke schneiden, 4 Minuten vor Ende der Garzeit der Nudeln in den Topf geben und mitgaren. Nudeln und Bohnen in einem Sieb abgießen, kalt abschrecken und kurz abtropfen lassen, anschließend in eine Schüssel geben und mit 4 EL Olivenöl vermengen, damit die Nudeln nicht zusammenkleben.

3 Die Tomaten waschen und halbieren. Zwiebeln schälen und fein würfeln. Die Eier in 8 Minuten hart kochen, pellen und in Spalten schneiden. Öl vom Thunfisch abgießen und den Fisch in mundgerechte Stücke zupfen. Alle Zutaten zu den Nudeln in die Schüssel geben.

4 Für das Dressing Essig mit Senf, je 1 Prise Salz, Pfeffer und Zucker verrühren, 8 EL Olivenöl nach und nach mit dem Schneebesen unterrühren.

5 Zum Schluss die Schale der Salzzitronen abschneiden und klein hacken, die Petersilie waschen und samt Stängel ebenfalls klein hacken. Anschließend alle Zutaten inklusive Pesto zu den Nudeln geben und miteinander vermengen. Zum Schluss noch einmal mit Salz und Pfeffer abschmecken, auf einen Teller geben und mit den Eierspalten garnieren.

TIPP

Für die Variante „to go“ das Dressing mit den Zitronen, der Petersilie und dem Pesto schon vorab vermengen und einfach kurz vor dem Verzehr über den Nudelsalat geben.

GREATEST
Caesar Salad

FÜR 4 PERSONEN

- 4 Romanasalatherzen
- 4 Scheiben Toastbrot
- 4 kleine Knoblauchzehen
- 4 TL Aceto balsamico bianco
- 4 EL Gemüsebrühe
- 4 TL Kapern
- Salz
- Pfeffer
- 4 TL Olivenöl
- 16 Garnelen (küchenfertig)
- 40 g Parmesan

Für die Milchmayo

- 50 ml kalte Milch
- ½ TL mittelscharfer Senf
- 100 g Pflanzenöl
- Salz
- Pfeffer
- Zucker

SO GEHT'S

1 Den Romanasalat waschen, Strunk entfernen, längs halbieren, in Streifen schneiden und ab in eine Schüssel damit. Toastbrot im Toaster rösten und anschließend in kleine Würfel schneiden.

2 Für die Milchmayo die Milch in einem hohen Rührbecher mit dem Senf verrühren. Die Mischung mit dem Stabmixer pürieren und das Öl dabei tröpfchenweise zugeben. Mit Salz, Pfeffer und zucker abschmecken.

3 Die fertige Milchmayo in einen Messbecher geben und für das Dressing die geschälten Knoblauchzehen, Essig, Gemüsebrühe und Kapern hinzufügen. Kräftig mit Salz und Pfeffer abschmecken – sollte das Dressing zu dick sein, ggf. mit etwas mehr Brühe verdünnen.

4 Olivenöl bei mittlerer Hitze in einer Pfanne erhitzen, die Garnelen ca. 5 Minuten glasig anbraten (s. Tipp), salzen und pfeffern. In der Zwischenzeit den Parmesan grob reiben.

5 Zu guter Letzt den Salat mit Dressing vermengen und noch einmal abschmecken. Mit den Garnelen auf einen Teller geben und mit Parmesan und Croûtons bestreuen. Enjoy your meal!

TIPP

Beim Braten der Garnelen Zeit lassen. Ist die Pfanne zu heiß, tritt das Eiweiß zu schnell aus. So werden die Garnelen zäh und gummiartig. Statt den Garnelen kann man auch Hähnchen oder knusprigen Bacon verwenden.

SPINATSALAT

mit Sommerernte

FÜR 4 PERSONEN

- 4 TL gemischte Kerne und Samen (Sonnenblumen- und Kürbiskerne, Buchweizen, Leinsamen, Sesam)
- 320 g bunte Sommerfrüchte (Himbeeren, Brombeeren, Aprikosen)
- 1 große Paprika
- 4 EL Aceto balsamico bianco
- 4 EL kalt gepresstes Rapsöl
- 2 TL Ahornsirup
- Salz
- Pfeffer
- 320 g Baby-Spinat

SO GEHT'S

1 Die gemischten Kerne und Samen in einer beschichteten heißen Pfanne rösten, bis sie duften. Den Pfanneninhalt auf einen Teller geben. Die Früchte waschen, die Beeren auf Küchenpapier abtropfen lassen, die Aprikosen entsteinen und in Streifen schneiden.

2 Die Paprika halbieren, entkernen, waschen und in kleine Würfel schneiden. Aceto balsamico bianco mit Rapsöl und Ahornsirup verrühren. Mit Salz und Pfeffer würzen und anschließend die Paprikawürfel untermischen.

3 Die Spinatblätter verlesen, waschen, gründlich abtropfen lassen (am besten eine Salatschleuder verwenden) und mit dem Dressing locker vermengen.

4 Die Salatmischung großflächig auf einem Teller verteilen, evtl. noch etwas salzen und pfeffern. Dekorativ mit den Früchten belegen und den Kerne-Samen-Mix darüberstreuen.
Mit Baguette oder Brot servieren.

BELLA
Panzanella

FÜR 4 PERSONEN

- 4 Ciabatta-Brötchen
- 8 EL Olivenöl
- 500 g bunte Kirschtomaten
- 4 Mini-Salatgurken
- 2 Knoblauchzehen
- 2 TL getrockneter Rosmarin
- 2 TL getrockneter Oregano
- Salz
- Pfeffern
- 4 Kugeln Büffelmozzarella (á 125 g)
- 10–20 Stängel Basilikum

SO GEHT'S

1 Ciabatta würfeln. 4 EL Olivenöl in einer großen Pfanne erhitzen und die Brotwürfel darin bei mittlerer Hitze rösten, bis sie schön kross sind. Dabei immer mal wieder wenden.

2 Anschließend das Gemüse waschen. Tomaten halbieren, Gurke halbieren, die Kerne mit einem kleinen Löffel entfernen und würfeln. Die Knoblauchzehen schälen und fein hacken. Mit dem restlichen Olivenöl, getrockneten Kräutern, Salz und Pfeffer in einer großen Schüssel zu einem Dressing mischen. Tomaten und Gurkenwürfel zugeben und alles gut vermengen. Mozzarella abgießen und mit den Fingern in grobe Stücke zupfen, Basilikum waschen, die Blättchen von den Stängeln zupfen und in feine Streifen schneiden.

3 Kurz vor dem Servieren Brotwürfel und Mozzarella unter den Salat mischen und mit Basilikumblättchen garnieren. Buon appetito!

TIPP

Immer wenn Knoblauch übrig bleibt, kann man ihn im Ganzen oder in Würfeln in Olivenöl einlegen. Dafür einfach in ein kleines Schraubglas geben und mit Olivenöl aufgießen, bis der Knoblauch vollständig bedeckt ist. So hat man immer aromatisches Knoblauchöl oder kann den Knoblauch zum Weiterverarbeiten verwenden, ohne lästiges Schälen und Schnippeln.

ÇOBAN SALATSI

frischer Sommersalat

FÜR 4 PERSONEN

- 3 Tomaten
- 2 Peperoni
- ¼ Salatgurke
- 2 Zwiebeln
- ½ Bund Petersilie
- 1 Bio-Zitrone
- 50 ml Olivenöl
- Salz
- 1 TL Sumach

SO GEHT'S

1 Die Tomaten häuten und fein würfeln, die Peperoni putzen, waschen und klein würfeln. Die Gurke waschen, putzen und klein würfeln. Das ganze Gemüse sollte dieselbe Größe haben. Die Zwiebeln schälen und klein würfeln.

2 Die Petersilie waschen und trocken schütteln. Die dicken Stiele entfernen, den Rest mitsamt Stielen klein hacken. Die Zitrone heiß abwaschen und die Hälfte mitsamt Schale fein würfeln, (das schmeckt richtig lecker, unbedingt ausprobieren!) den Saft der anderen Hälfte auspressen.

3 Das Gemüse in eine Salatschüssel geben, Zitronensaft, Olivenöl und ½ TL Salz hinzugeben und alles vermengen. Den Salat auf einen Servierteller geben und mit Sumach bestreuen.

TIPP

Çoban salatsi kennt jeder, er ist ein Standardsalat in jeder türkischen Küche. Er ist ein Sommergericht und sollte auch wirklich im Sommer zubereitet werden, da die Tomaten dann einen intensiveren Geschmack haben und viel saftiger sind.
Die Schalen der Tomaten und der Zitrone können in dünnen Streifen geschält und eingerollt werden. So sehen sie wie Rosen aus, mit denen man den Salat dekorieren kann.

REISNUDELSALAT

gesurfturft

FÜR 4 PERSONEN

- 1 EL helle Sojasauce
- 1 EL Austernsauce
- 1 EL Sushi-Essig
- 2 EL Sesamöl
- ½ TL Zucker
- 200 g Rumpsteak oder Entrecôte
- 250 g Reisnudeln
- 1 TL Sesam
- 50 g geröstete, gesalzene Erdnusskerne
- 50 g Wasabi-Erdnüsse
- 100 ml Sweet-Chilisauce
- 2 EL Reisessig
- 2 Möhren
- 2 Mini-Salatgurken
- 50 g Baby-Spinat
- 1 kl. Bund Koriandergrün
- 1 Frühlingszwiebel
- etwas Pflanzenöl zum Braten
- 200 g gegarte Garnelen (ohne Schale)

SO GEHT'S

1 Für die Fleischmarinade Sojasauce, Austernsauce, Sushi-Essig, 1 EL Sesamöl und Zucker vermischen. Das Rumpsteak mit der Marinade einstreichen, 1 Stunde. abgedeckt ziehen lassen.

2 Die Reisnudeln nach Packungsanleitung garen und auskühlen lassen. Sesam ohne Fett in der Pfanne rösten, bis er duftet, umfüllen, ebenfalls auskühlen lassen.

3 Für das Dressing geröstete Erdnusskerne und Wasabi-Erdnüsse fein hacken. Mit Chilisauce, Reisessig und 1 EL Sesamöl vermischen.

4 Die Möhren schälen, die Gurken abwaschen. Beides mit einem Sparschäler in dünne Streifen hobeln. Den Spinat waschen und trocken schleudern. Koriandergrün waschen, trocken schütteln und mittelfein hacken. Frühlingszwiebel waschen und in Ringe schneiden.

5 Etwas Pflanzenöl in der Pfanne erhitzen. Das Rumpsteak aus der Marinade nehmen, etwas trocken tupfen und von beiden Seiten je 4–5 Minuten braten. Lauwarm auskühlen lassen. Anschließend dünn aufschneiden.

6 Das Dressing mit den Reisnudeln und den Garnelen vermengen. Die restlichen Zutaten locker untermischen und auf Schüsseln verteilen. Mit geröstetem Sesam bestreuen.

GREEK STYLE
Coleslaw

FÜR 4 PERSONEN

Für den Salat
- 450 g Weißkohl (alternativ Spitzkohl)
- 200 g Rotkohl
- 2 Stangen Staudensellerie (möglichst mit Grün)
- 1 dicke Möhre
- 2 EL Zitronensaft
- Salz
- 2 EL Rosinen (nach Belieben)

Für das Dressing
- 3 EL Weißweinessig
- 5 EL Olivenöl
- Pfeffer
- 2 Frühlingszwiebeln
- 1/3 Bund Petersilie

SO GEHT'S

1 Beide Kohlsorten putzen, waschen und den Strunk keilförmig herausschneiden. Den Kohl in feine, nicht zu lange Streifen schneiden oder hobeln. Den Sellerie putzen, waschen, das Grün abschneiden und beiseitelegen, die Stangen in dünne Scheiben schneiden. Die Möhre putzen, schälen und grob raspeln. Das Gemüse mit dem Zitronensaft sowie 2 guten Prisen Salz mischen und leicht mit den Händen durchkneten. Nach Belieben Rosinen untermischen und zugedeckt 1–2 Stunden im Kühlschrank ziehen lassen.

2 Inzwischen Essig und Olivenöl kräftig verrühren, salzen und pfeffern. Die Frühlingszwiebeln putzen, waschen und mit dem Grün in nicht zu feine Ringe schneiden. Die Petersilie waschen, trocken schütteln, Blättchen abzupfen und mit dem Selleriegrün nicht zu fein hacken.

3 Das Gemüse aus dem Kühlschrank nehmen, in einem Sieb abgießen, dann mit den Händen kräftig durchkneten, bis es weicher wird, und dabei nochmals möglichst viel Flüssigkeit herauspressen. Anschließend mit Dressing, Selleriegrün und Petersilie mischen. Nochmals kurz ziehen lassen und nach Bedarf mit etwas Essig, Salz und Pfeffer abschmecken.

TIPP

Die Rosinen bringen noch zusätzlich eine spannende, leicht süßliche Komponente mit in die Schüssel. Wer möchte, kann sie auch durch Granatapfelkerne ersetzen – diese allerdings erst kurz vor dem letzten Abschmecken unter den fertigen Salat mischen.

SPAGHETTISALAT
mit Zuckermelone & Mozzarella

FÜR 4 PERSONEN

Für das Dressing
- 4 EL Aceto balsamico
- 2 EL Olivenöl
- 2 TL Ahornsirup
- Salz

Für den Salat
- 280 g Spaghetti
- 20 Kirschtomaten
- ½ Zuckermelone (z.B. Charentais, Galia oder Honigmelone)
- 300 g Blattsalat
- 200 g Mini-Mozzarella
- 4 EL Kürbiskerne

SO GEHT'S

1 Für das Dressing alle Zutaten mit 6 EL Wasser und 2 Prisen Salz in eine Schüssel geben und gut miteinander vermengen, dann beiseitestellen.

2 In einem Topf ausreichend Wasser aufkochen, die Spaghetti hinzugeben und nach Packungsanleitung garen.

3 Währenddessen die Tomaten waschen und halbieren. Die Zuckermelone von den Kernen befreien, schälen und in mundgerechte Würfel schneiden. Den Blattsalat waschen, trocken schleudern und zerpflücken. Die Mozzarella-Bällchen abgießen, unter Wasser abspülen und beiseitelegen.

4 Die Nudeln abgießen, gut abtropfen lassen und mit Blattsalat, Melonenwürfeln und Kirschtomaten auf zwei Teller verteilen. Abschließend mit dem Dressing beträufeln und mit Kürbiskernen und Mozzarella bestreuen.

BUNTER
Linsensalat

FÜR 4 PERSONEN

Für den Salat

- 3 rote Paprika
- 250 g Berglinsen
- Salz
- 1 Bund Radieschen
- 1 kleiner Granatapfel
- 1 reife Avocado
- 1 TL Zitronensaft
- 1 Bund Petersilie
- 4 Zweige Minze
- 200 g Feta

Für das Dressing

- 1 TL Dijon-Senf
- 1 TL Honig
- 4–5 EL Weißweinessig
- 4 EL Olivenöl
- Salz
- Pfeffer
- 1 TL Paprikaflocken zum Bestreuen (Pul Biber, nach Belieben)

SO GEHT'S

1 Den Backofen auf 225 °C (Ober-/Unterhitze) vorheizen. Die Paprika vierteln, putzen, waschen und mit der Schale nach oben auf ein mit Backpapier ausgelegtes Blech legen. Die Paprika im Ofen (Mitte) etwa 25 Minuten garen, bis die Haut große schwarze Blasen wirft. Herausnehmen, in einen Sieb legen und mit einem feuchten, sauberen Küchentuch abdecken. Lauwarm abkühlen lassen, dann die Haut mit einem spitzen Messer abziehen und die Paprika längs in feine Streifen schneiden.

2 Währenddessen die Linsen nach Packungsanleitung in einem Sieb unter kaltem Wasser abbrausen. Anschließend ausreichend Wasser aufkochen und die Linsen darin ca. 25 Minuten garen – sie sollten noch ein wenig Biss haben und kaum aufplatzen. Gegen Garzeitende salzen. In einem Sieb abgießen, kurz mit kaltem Wasser abbrausen, abtropfen und lauwarm abkühlen lassen.

3 Inzwischen für das Dressing Senf mit Honig und 4 EL Essig verrühren, dann das Öl kräftig unterschlagen. Mit Salz und Pfeffer würzen. Die lauwarmen Linsen mit dem Dressing und den Paprikastreifen mischen und vollständig abkühlen lassen.

4 Die Radieschen putzen, waschen und in dünne Scheiben schneiden. Den Granatapfel halbieren und die Kerne herauslösen. Die Avocado halbieren, Kern und Schale entfernen und das Fruchtfleisch etwa 1 cm groß würfeln und sofort in Zitronensaft wenden. Die Kräuter waschen, trocken schütteln, Blättchen abzupfen und grob hacken. Feta trocken tupfen und grob zerbröckeln. Die Hälfte davon mit Zweidrittel der Kräuter und Granatapfelkerne, Avocado und Radieschen unter den Salat heben. Den Salat mit übrigem Essig sowie Salz und Pfeffer abschmecken. Übrigen Feta, Kräuter und Granatapfelkerne mischen und darübergeben. Nach Belieben mit Paprikaflocken bestreuen und dann servieren.

KICHERERBSEN-

Quinoa-Salat mit Halloumi

FÜR 4 PERSONEN

Für den Salat

- 150 g bunte Quinoa
- 3 TL Kokosöl
- 200 g Kichererbsen (Glas)
- 1 EL Sojasauce (Tamari)
- ¼ TL Cayennepfeffer
- 50 g Baby-Spinat
- ½ TL Meersalz
- 1 Orange
- 1 Grapefruit
- 1 Bund Koriandergrün
- ½ Bund glatte Petersilie
- 1 Frühlingszwiebel
- 4 EL Granatapfelkerne
- 1 TL Honig
- 1 Msp. gemahlener Kreuzkümmel
- ¼ TL frisch gemahlener Pfeffer
- 225 g Halloumi
- Saft von 1 Limette

Für die Nusscreme

- 150 g Haselnusskerne
- 1–2 EL Joghurt

SO GEHT'S

1 Die Quinoa abspülen und nach Packungsanleitung al dente garen, dann in einen Sieb geben und abtropfen lassen. In einer Pfanne 1 TL Kokosöl erhitzen und die Kichererbsen darin andünsten. Mit Sojasauce ablöschen, mit dem Cayennepfeffer würzen und unter Rühren die Flüssigkeit reduzieren. Kichererbsen und Quinoa in eine große Schüssel geben.

2 Den Spinat waschen und trocken schleudern. In einer Pfanne 1 TL Kokosöl erhitzen und den Spinat darin zusammenfallen lassen. Mit ¼ TL Meersalz würzen und zur Quinoa geben. Die Orange und die Grapefruit schälen und filetieren. Die Filets in kleine Stücke schneiden und ebenfalls zur Quinoa geben.

3 Koriander und Petersilie waschen, trocken schütteln und fein hacken. Die Frühlingszwiebel waschen, putzen und in feine Ringe schneiden. Frühlingszwiebel und Granatapfelkerne unter den Salat heben.

4 Für die Nusscreme die Haselnüsse in einer Pfanne ohne Fett rösten. 100 g davon im Hochleistungsmixer zu einem Nussmus mahlen und mit dem Joghurt glatt rühren.

5 Die restlichen Nüsse (50 g) in der Pfanne mit dem Honig karamellisieren. Mit Kreuzkümmel und Pfeffer würzen und ebenfalls zum Salat geben. Den Kichererbsen-Quinoa-Salat mit ¼ TL Salz würzen.

6 Den Halloumi in Scheiben schneiden, die Scheiben vierteln und in einer Pfanne bei schwacher Hitze mit Kokosöl von beiden Seiten goldgelb braten.

7 Den Kichererbsen-Quinoa-Salat auf einen Teller geben und den warmen Halloumi darauf anrichten. Mit Limettensaft beträufeln und dazu die Nusscreme reichen.

KÜRBIS-LINSEN-
Salat mit Radicchio

FÜR 4 PERSONEN

Für den Salat

- 120 g Le-Puy-Linsen (alternativ Belugalinsen)
- Salz
- 150 g Feta
- 100 g Feldsalat
- 1 kleiner Radicchio
- 2 EL Kürbiskerne
- 1 TL (körniger) Senf
- Saft von ½ Orange
- 1 TL Ahornsirup
- 2–3 EL Weißweinessig
- Pfeffer
- 2 EL Olivenöl

Für den Kürbis

- 1 kg Hokkaido-Kürbis
- 1 Knoblauchzehe
- 3 Zweige Thymian
- 1 ½ EL Olivenöl
- 2 Msp. Chilipulver
- Salz
- Pfeffer
- Chiliflocken zum Bestreuen (nach Belieben)

SO GEHT'S

1 In einem Topf 500 ml Wasser aufkochen, die Linsen hineingeben und zugedeckt bei mittlerer Hitze in ca. 25 Minuten garen, sodass sie gerade weich sind, aber noch leicht Biss haben und nicht zerfallen. Gegen Garzeitende salzen, anschließend in ein Sieb gießen, abtropfen und lauwarm abkühlen lassen.

2 Inzwischen den Backofen auf 220 °C Ober-/Unterhitze (200 °C Umluft) vorheizen. Den Kürbis waschen, putzen, längs vierteln, Kerne und Fasern mit einem Löffel herauskratzen. Die Kürbisviertel in mundgerechte Würfel schneiden. Den Knoblauch schälen und in eine ofenfeste Form pressen. Den Thymian waschen, trocken schütteln, die Blättchen abzupfen, hacken und mit Öl, Chilipulver und dem Knoblauch in der Form verrühren. Den Kürbis gründlich im Würzöl wenden, salzen und pfeffern. Im heißen Ofen (Mitte) in 15–20 Minuten garen, dabei einmal durchrühren.

3 Während Linsen und Kürbis garen, den Käse trocken tupfen und grob zerbröckeln. Feldsalat waschen, putzen und trocken schleudern. Radicchio putzen, in einzelne Blätter teilen, diese waschen, trocken schleudern und in dünne Streifen schneiden. Die Kürbiskerne in einer Pfanne ohne Fett rösten, bis sie leicht knistern und angenehm zu duften beginnen, vom Herd nehmen und abkühlen lassen. Für das Dressing Senf, Orangensaft, Ahornsirup, Essig mit Salz und Pfeffer verrühren, dann das Öl kräftig unterschlagen und mit den noch warmen Linsen mischen.

4 Die Linsen mit der Hälfte des noch warmen Kürbis mischen, Radicchio und Feldsalat vorsichtig unterheben. Nochmals mit Salz, Pfeffer und evtl. Essig abschmecken. Übrige Kürbisstücke auf dem Salat verteilen, mit Kürbiskernen und nach Belieben Chiliflocken bestreuen.

TIPP

Einfach den Käse weglassen, zu den Kürbiskernen noch 50 g gehackte Walnusskerne geben und die Linsenmenge auf 200 g erhöhen.

SÜSSKARTOFFEL-
Rosenkohl-Salat

FÜR 4 PERSONEN

Für das Röstgemüse

- 400 g Süßkartoffeln
- 3 TL Kokosöl
- ¼ TL Cayennepfeffer
- ¼ TL gemahlener Zimt
- 2 EL Ahornsirup,
- 400 g Rosenkohl
- 1 TL gemahlener Kreuzkümmel
- 1 TL Sesam
- Meersalz
- 200 g Kichererbsen (Glas)
- 2 TL Sojasauce (Tamari)

Für den Salat

- 200 g Wildreis
- 1 TL Kokosöl
- Meersalz
- 30 g Pinienkerne
- 30 g geröstete, gesalzene Erdnusskerne
- 20 g Sonnenblumenkerne
- 20 g Kürbiskerne
- 120 g getrocknete, entsteinte Datteln
- 1 Bund glatte Petersilie

SO GEHT'S

1 Den Ofen auf 180 °C (Ober-/Unterhitze) vorheizen. Zwei Backbleche mit Backpapier auslegen.

2 Für das Röstgemüse die Süßkartoffeln schälen und in kleine Würfel schneiden. In einer Schüssel 1 TL Kokosöl mit Cayennepfeffer, Zimt, Ahornsirup und ½ TL Meersalz verrühren, die Würfel hinzugeben und darin wenden, bis sie rundherum mit den Gewürzen überzogen sind. Die Süßkartoffelwürfel auf ein Backblech geben.

3 Den Rosenkohl putzen und die Köpfchen längs halbieren. In einer Schüssel 2 TL Kokosöl mit Kreuzkümmel, Sesam und ½ TL Meersalz verrühren, den Rosenkohl darin wenden und zu den Süßkartoffeln auf das Backblech geben. Die Kichererbsen in der Sojasauce marinieren und auf das zweite Backblech geben. Süßkartoffeln, Rosenkohl und Kichererbsen im heißen Ofen etwa 25 Minuten garen. Herausnehmen und etwas abkühlen lassen.

4 Währenddessen den Wildreis nach Packungsanleitung bissfest garen, in ein Sieb geben und abtropfen lassen. Das Kokosöl in einem Topf zerlassen und den Wildreis darin einige Minuten unter Rühren anrösten. Mit ½ TL Meersalz würzen. Pinienkerne, Erdnüsse, Sonnenblumenkerne und Kürbiskerne hinzufügen und ebenfalls kurz mitrösten.

5 Den Wildreis in eine Schüssel geben und etwas abkühlen lassen. Die Datteln fein hacken. Die Petersilie waschen, trocken schütteln und ebenfalls fein hacken. Beides zum Wildreis geben.

6 Die Süßkartoffelwürfel, Rosenkohl und Kichererbsen unter den Wildreis heben und den Salat lauwarm servieren.

HERBSTSALAT

FÜR 4 PERSONEN

- 250 g gemischter Salat (z. B. Rucola, Lollo rosso, Eichblatt, Friséesalat)
- je 100 g Champignons und Austernpilze
- 8 Pflaumen
- je 50 g helle und dunkle Weintrauben
- 2 EL Aceto balsamico
- Rapsöl
- Pfeffer
- 4 dicke Scheiben Parisienne-Brot oder Baguette
- 200 g Hokkaido-Kürbis
- 1 Zitrone
- 1 Handvoll Walnusskerne
- Rauchsalz

Für das Dressing

- 1 EL Kürbiskernöl
- 3 EL Obstessig
- 7 EL Traubenkernöl
- 1 TL Zucker
- Salz
- Pfeffer

SO GEHT'S

1 Salat verlesen, waschen und trocken schleudern. Für das Dressing alle Zutaten miteinander verrühren.

2 Champignons und Austernpilze gründlich putzen und etwas kleiner schneiden. Pflaumen und Weintrauben waschen und trocken tupfen, Pflaumen entsteinen und kleiner schneiden, Weintrauben ebenfalls halbieren. Pilze, Pflaumen und Trauben mit Aceto balsamico und etwas Rapsöl marinieren, leicht pfeffern.

3 Das Weißbrot in Würfel schneiden, mit etwas Rapsöl beträufeln. Kürbis gründlich waschen, Kerne und Innenfasern entfernen und mit Schale in dünne Scheiben schneiden. Kürbisscheiben mit Rapsöl bestreichen. Die Zitrone in Scheiben schneiden und die Walnüsse bereitstellen.

4 Champignons, Austernpilze, Pflaumen, Weintrauben, Brot, Kürbis, Zitrone und Walnüsse in eine große beschichtete Pfanne geben und scharf anbraten, zum Ende hin alles mit etwas Rauchsalz würzen.

5 Den frischen Salat mit dem Dressing marinieren, auf den Tellern verteilen und mit den angebratenen Zutaten anrichten.

TIPP

Wer mag, gibt noch einige Würfel Blauschimmelkäse über den Salat.

BOERBOONTJIES

Bauernbohnensalat

FÜR 6 PERSONEN

- 500 g mehligkochende Kartoffeln
- 500 g grüne Bohnen
- Salz
- 1 große Zwiebel
- 2 Knoblauchzehen
- 1 EL Butter
- 1 EL Öl
- 1 TL getrockneter Thymian
- 2 EL Milch
- Pfeffer

SO GEHT'S

1 Kartoffeln schälen und in Würfel schneiden. Bohnen waschen, putzen und in 2,5 cm lange Stücke schneiden.

2 Kartoffeln in Salzwasser gar kochen, abgießen und zur Seite stellen. Grüne Bohnen 5 Minuten in kochendem Wasser blanchieren. Die Zwiebel schälen und in kleine Würfel schneiden. Knoblauch schälen und fein hacken.

3 In einer Pfanne Zwiebeln in Butter und Öl glasig anschwitzen. Knoblauch
dazugeben und kurz mitbraten. Den Thymian unterrühren.

4 Die Kartoffeln und Bohnen mit Zwiebeln und Knoblauch in eine Schüssel füllen, verrühren und die Milch dazugeben. Die Mischung mit einem Kartoffelstampfer leicht zerdrücken.

5 Zum Schluss nach Geschmack mit Salz und Pfeffer würzen.

PIKANTER
Süßkartoffelsalat

FÜR 4 PERSONEN

Für den Salat

- 2 Dosen Kichererbsen (400g Füllgewicht)
- 2 Knoblauchzehen
- 7 EL Olivenöl
- 1 ½ TL gemahlener Kreuz-kümmel
- ½ TL Chilipulver
- Salz
- Pfeffer
- 2 Süßkartoffeln (ca. 300 g)
- 2 rote Paprika
- 600 g gelbe und rote Kirschtomaten
- 8 Frühlingszwiebeln
- 1 Bund Koriandergrün
- 4 Stängel Minze

Für das Dressing

- 8 EL Zitronensaft
- 3 TL flüssiger Honig
- 1 ½ TL gemahlener Kreuz-kümmel
- 1 ½ TL gemahlener Zimt
- 4 Msp. Chilipulver
- Salz
- Pfeffer
- 6 EL Olivenöl

SO GEHT'S

1 Den Backofen auf 220 °C (Ober-/Unterhitze) vorheizen. Die Kichererbsen in einem Sieb abgießen, kalt abbrausen und abtropfen lassen. Den Knoblauch schälen und in eine Schüssel pressen. Mit 6 EL Olivenöl, Kreuzkümmel, Chilipulver, Salz und Pfeffer verrühren. Die Hälfte davon beiseitestellen. Die Kichererbsen in der Hälfte des Würzöls wenden. Auf die Hälfte eines mit Backpapier ausgelegten Blechs geben. Im heißen Ofen (Mitte) 20 Minuten garen.

2 Währenddessen die Süßkartoffeln schälen, in gut 1 cm große Würfel schneiden und im übrigen Würzöl wenden. Die Paprika längs vierteln, putzen, waschen. Die Viertel quer in schmale Streifen schneiden. Die Tomaten waschen und halbieren, dabei den Stielansatz entfernen. Die Frühlingszwiebeln waschen, trocken schütteln und mitsamt Grün in dickere Ringe schneiden.
Die Kräuter waschen, trocken schütteln und grob zerschneiden. Alles auf einer Platte mischen, dabei einige Kräuter zurückbehalten, leicht salzen und pfeffern.

3 Die Kichererbsen aus dem Ofen nehmen, das übrige Öl (1 EL) darüber träufeln und gut durchmischen. Die Süßkartoffeln samt Würzöl auf die andere Hälfte des Blechs geben und mit den Kichererbsen zusammen weitere 15–20 Minuten garen.
Die Kichererbsen sollten leicht knusprig, die Süßkartoffeln schön weich sein.

4 Währenddessen für das Dressing den Zitronensaft mit Honig und Gewürzen verrühren. Salzen, pfeffern und das Öl unterschlagen. Kichererbsen und Süßkartoffeln aus dem Ofen nehmen, noch warm auf den Salat geben, das Dressing darüber träufeln und alles vorsichtig vermengen. Den Salat mit den übrigen Kräutern bestreuen und servieren.

WARMER WINTER-
Gemüsesalat

FÜR 4 PERSONEN

- 500 g bunte Möhren
- 400 g rote Bete
- 150 g Pastinaken
- 1 große Fenchelknolle
- 1 rote Zwiebel
- 2 Knoblauchzehen
- 1 Zweig Rosmarin
- 4 Zweige Thymian
- Saft von ½ Orange
- 3 EL Olivenöl
- 1 EL Honig (alternativ Ahornsirup)
- Salz
- Pfeffer
- 2–3 Msp. Chiliflocken
- ½ TL gemahlener Koriander (oder noch besser ½ TL grob zerstoßene Korianderkörner)
- 50 g Walnusskerne
- 200 g Mozzarella
- 1 Bund Rucola
- 3–4 EL Aceto balsamico

SO GEHT'S

1 Den Backofen auf 200 °C (Ober-/Unterhitze) vorheizen. Möhren schälen, putzen, je nach Dicke längs vierteln oder halbieren und in 4–5 cm lange Stücke schneiden. Die Rote Bete schälen und putzen (dazu Gummihandschuhe tragen, sie färbt stark) und in ca. 1 cm dicke Spalten schneiden. Pastinaken schälen, putzen und in ca. 5 mm dicke Scheiben schneiden (ist das Ende sehr dick, evtl. die Scheiben einmal halbieren). Fenchel waschen, putzen, das Grün dabei beiseitelegen, dann die Knolle achteln und den Strunk so herausschneiden, dass die Achtel gerade noch zusammenhalten.

2 Zwiebel schälen und in ca. 1 cm dicke Spalten schneiden. Knoblauch schälen und in dicke Scheiben schneiden. Rosmarin und Thymian waschen, trocken schütteln, die Nadeln bzw. Blättchen abzupfen und grob hacken. Mit Orangensaft, Öl und Honig oder Ahornsirup verrühren, mit Salz, Pfeffer, Chiliflocken und Koriander mischen. Rote Bete, und falls vorhanden, rote Möhren getrennt mit etwas Würzöl mischen und auf das Blech geben (sie färben ansonsten das andere Gemüse rot ein). Das übrige Gemüse mit den Zwiebeln und übrigem Würzöl mischen und daneben verteilen. Knoblauchscheiben gleichmäßig zwischen dem Gemüse verteilen. Das Gemüse im heißen Ofen (Mitte) 30–35 Minuten garen, es sollte noch Biss haben.

3 Das Gemüse aus dem Ofen nehmen und 10 Minuten abkühlen lassen. Währenddessen die Walnüsse grob hacken. Mozzarella trocken tupfen und in Stücke schneiden oder zupfen. Rucola waschen, trocken schütteln, grobe Stiele wegschneiden, die Blätter in kürzere Stücke zupfen. Aceto balsamico mit übrigem Öl verrühren und in einer Schüssel mit dem Gemüse mischen, dabei den Rucola vorsichtig mit unterheben. Nochmals mit Salz und Pfeffer abschmecken, Mozzarella darauf verteilen, mit Walnüssen bestreuen und servieren.

FELDSALAT

mit Birne & Walnuss

FÜR 4 PERSONEN

Für das Dressing

- 4 EL Weißweinessig
- 2 EL Honig
- 4 EL Sahne
- 2 EL Olivenöl
- Salz
- Pfeffer

Für den Salat

- 4 EL Walnusskerne
- 1 Birne
- 600 g Feldsalat
- 4 EL Speckwürfel
- 4 EL Olivenöl
- 1 Ziegenkäserolle

SO GEHT'S

1 In einer Schüssel Essig, Honig und Sahne verrühren. Das Olivenöl in dünnem Strahl unterschlagen. Mit Salz und Pfeffer würzen.

2 Die Walnusskerne grob hacken und in einer Pfanne ohne Öl anrösten, herausnehmen und auf einem Teller abkühlen lassen. Die Birne waschen, entkernen und in kleine Würfel schneiden. Den Salat waschen, trocken schleudern und mit der Vinaigrette vermengen.

3 Den Salat auf den Tellern anrichten, die Birne darauf verteilen und mit den gehackten Walnüssen bestreuen.

4 In einer kleinen Pfanne die Speckwürfel ohne Fett anbraten und dann über den Salat geben. Derweil das Olivenöl in einer weiteren Pfanne erhitzen, den Ziegenkäse in acht dicke Scheiben schneiden und von beiden Seiten kurz anbraten, bis er knusprig braun wird und vorsichtig aus der Pfanne heben. Die Ziegenkäsescheiben auf den Salat geben und direkt servieren.

TIPP

Den Feldsalat vorsichtig im Waschbecken in kaltem Wasser schwenken, um ihn zu säubern. So werden die feinen Blättchen nicht zerstört und er bleibt frisch.

SAMBHARO –

warmer Kohlsalat

FÜR 4 PERSONEN

- 1 Spitzkohl (ca. 500 g)
- 1 dicke Möhre (ca. 150 g)
- 1 grüne Paprika
- 1 grüne Chilischote
- 1 Limette
- 20 Curryblätter
- 2 EL Pflanzenöl
- 1 TL braune Senfsamen
- ¾ TL Kreuzkümmelsamen
- Salz
- Pfeffer
- 1 TL Rohrzucker
- ¼ TL gemahlene Kurkuma

SO GEHT'S

1 Den Kohl längs halbieren, waschen, den Strunk keilförmig herausschneiden, dann die beiden Hälften quer in ca. 4 mm breite Streifen schneiden. Die Möhre schälen und grob raspeln. Paprika längs vierteln, putzen, waschen und die Viertel quer in dünne Streifen schneiden. Chilischote waschen, putzen und in 4–5 dicke Stücke schneiden. Den Saft der Limette auspressen. Die Curryblätter waschen und trocken tupfen.

2 Das Öl in einer beschichteten Pfanne oder einem Wok erhitzen. Darin die Senf- und Kreuzkümmelsamen mit den Curryblättern und den Chilistücken rösten, bis die Gewürze knistern. Das Gemüse zugeben, salzen, pfeffern und unter Rühren 1–2 Minuten bei großer Hitze anbraten. Zucker und Kurkuma darüberstreuen, alles durchrühren und bei mittlerer Hitze noch 3–5 Minuten braten, bis das Gemüse zusammengefallen ist, aber auf jeden Fall noch Biss hat. Mit Limettensaft abschmecken, kurz auf dem Herd ziehen lassen, dann vom Herd nehmen und lauwarm abgekühlt servieren.

WINTERSALAT
mit Rosenkohl & Apfel

FÜR 4 PERSONEN

Für den Rosenkohl
- 600 g Rosenkohl
- 4 EL Butter
- 1 Spritzer Limetten- oder Zitronensaft
- 2 TL Walnussöl
- 1 TL Ahornsirup
- Salz, Pfeffer

Für die Marinade
- 5 EL Kürbiskernöl
- 1 TL mittelscharfer Senf
- 1 TL Ahornsirup
- 2 TL Apfelbalsam
- Salz
- Pfeffer

Für den Salat
- 300 g gemischte Wintersalate (z. B. Feldsalat, roter Mangold, Spinat)
- 1 rote Zwiebel
- 2 Äpfel

Außerdem
- 200 g cremiger Hirtenkäse oder Feta
- 100 g geröstete und karamellisierte Kürbiskerne

SO GEHT'S

1 Den Rosenkohl waschen und die Strunkenden sparsam entfernen. Die ersten zwei bis drei äußeren Blätter abtrennen und in eine Schüssel geben. Die Rösschen je nach Größe halbieren oder vierteln.

2 Die Zutaten für die Salat-Marinade in einem verschließbaren Glas mischen, gut schütteln und 2 EL davon mit den Rosenkohlblättchen vermengen, ziehen lassen. Die restliche Marinade wird gleich für den Salat verwendet.

3 Für den Rosenkohl eine große Pfanne verwenden und die Butter darin bei mittlerer Hitze schmelzen und leicht bräunlich zu Nussbutter werden lassen. In der Nussbutter den Rosenkohl rundherum knackig braten. Mit Zitronensaft, Walnussöl, Ahornsirup, Salz und Pfeffer abschmecken und warm halten.

4 Die Wintersalate waschen, schleudern und in eine große Schüssel geben. Die Zwiebel abziehen, in sehr feine Streifen schneiden und unter die Blattsalate heben. Die beiden Äpfel waschen, entkernen und in feine Streifen schneiden, unter den Salat heben. Vorsichtig mit der Marinade vermengen, am besten mit sauberen Händen ganz vorsichtig und locker einmassieren. Die marinierten Rosenkohlblätter unterheben.

5 Den Salat in Bowls geben. Den warmen Rosenkohl darauf anrichten. Den Feta und die Kerne grob bröseln und auf dem Salat anrichten.

NUDELSALAT
mit Walnuss-Pesto

FÜR 4 PERSONEN

Für das Pesto

- 100 g Walnusskerne
- 1 Knoblauchzehe
- 30 g Parmesan
- ⅓ Bund Petersilie
- ½ Bio-Zitrone
- 180 ml Olivenöl
- Salz
- Pfeffer

Für den Salat

- 2 Zucchini
- 1 Knoblauchzehe
- 3 EL Olivenöl
- Salz
- Pfeffer
- 300 g Kirschtomaten
- 10 schwarze Oliven (ohne Stein)
- 150 g Feta
- 50 g Baby-Spinat
- 250 g Orzo-Nudeln
- Paprikaflocken (zum Bestreuen, nach Belieben)

SO GEHT'S

1 Die Walnüsse in einer beschichteten Pfanne ohne Fett rösten, bis sie leicht bräunen und duften, dann herausnehmen und abkühlen lassen. Knoblauch schälen und grob hacken. Parmesan fein reiben. Die Petersilie waschen, trocken schütteln und mit den Stielen grob hacken. Die Zitrone heiß waschen, abtrocknen, die Schale fein abreiben und den Saft auspressen. Walnüsse, Knoblauch, Petersilie sowie Zitronenschale in den Blitzhacker geben und mit dem Öl nicht zu fein pürieren. Den Parmesan unterrühren und mit Salz, Pfeffer und 1–2 Spritzern Zitronensaft abschmecken. Anschließend etwa 30 Minuten ziehen lassen.

2 Währenddessen die Zucchini putzen, waschen und ca. 1 cm groß würfeln. Knoblauch schälen und fein hacken. Das Öl in einer beschichteten Pfanne erhitzen und die Zucchini darin bei mittlerer bis großer Hitze rundum braun braten. Gegen Garzeitende den Knoblauch zugeben und kurz mitanbraten. Alles salzen und pfeffern. Kirschtomaten waschen und halbieren. Oliven in Ringe schneiden. Feta trocken tupfen und grob zerbröckeln. Spinat verlesen, waschen und trocken schleudern.

3 Die Nudeln nach Packungsanleitung in Salzwasser garen. Dann in ein Sieb abgießen, kalt abbrausen und abtropfen lassen. Anschließend sofort mit dem Pesto mischen. Zucchini, Tomaten, Oliven, Spinat und einen großen Teil des Fetas untermischen und 10 Minuten ziehen lassen. Nochmals mit Salz, Pfeffer und nach Belieben mit ein paar Paprikaflocken sowie übrigem Zitronensaft abschmecken. Mit dem restlichen Feta bestreuen und direkt servieren.

TIPP

„Kritharaki" – die kleinen reisförmigen Hartweizengrießnudeln werden auch unter der Bezeichnung „griechische Reisnudeln", „Orzo" oder „Risoni" in griechischen und italienischen Lebensmittelabteilungen oder gut sortierten Supermärkten angeboten.

GADO GADO

lauwarmer Gemüsesalat mit Erdnusssauce

FÜR 4 PERSONEN

Für Tempeh & Tofu

- 2 Knoblauchzehen
- 1 TL gemahlener Koriander
- Salz
- 250 g Tempeh
- 250 g Tofu
- 4 EL Rapsöl

Außerdem

- Salz
- 200 g grüne Bohnen
- 200 g Pak Choi
- 200 g Chinakohl
- 100g Mungobohnensprossen
- 200 g gekochte Pellkartoffeln
- 2 hartgekochte Eier (Größe M)
- 200 g Erdnusssauce

SO GEHT'S

1 Den Knoblauch schälen und durchpressen. Knoblauch, Koriander, 1 TL Salz und 200 ml Wasser in einer rechteckigen Form zu einer Marinade verrühren. Tofu und Tempeh trocken tupfen und quer in ca. 1 cm dicke Scheiben schneiden. Die Scheiben flach in die Marinade legen und 30 Minuten marinieren, nach 15 Minuten die Scheiben wenden.

2 In einem Topf 4 l gesalzenes Wasser zum Kochen bringen. Kartoffeln und Eier mitkochen, abkühlen lassen. Inzwischen die Bohnen putzen, waschen und in ca. 4 cm lange Stücke schneiden. Den Pak Choi waschen, längs vierteln, dann den Strunk abschneiden. Den Chinakohl in feine Streifen schneiden, waschen und abtropfen lassen. Die Sprossen waschen und gut abtropfen lassen. Die Kartoffeln pellen und vierteln. Eier schälen und vierteln. Bohnen, Pak Choi, Chinakohl und Sprossen im kochenden Wasser nacheinander bissfest blanchieren. Nach dem Garen kurz abtropfen lassen, dann auf 4 Tellern anrichten.

3 Das Öl in einer beschichteten Pfanne erhitzen. Tofu und Tempeh nacheinander bei mittlerer Hitze im heißen Öl auf beiden Seiten goldbraun anbraten. Auf dem Gemüse verteilen. Die Kartoffel- und Eierviertel dazu legen. Die Erdnusssauce erwärmen und 4–5 EL davon über das Gemüse träufeln. Die restliche Sauce in eine Schale umfüllen und dazu servieren.

IMPRESSUM

Bibliografische Information der Deutschen Bibliothek.

Die Deutsche Bibliothek verzeichnet diese Publikation in der Deutschen Nationalbibliografie.

Detaillierte bibliografische Daten sind im Internet über http://www.dnb.de/ abrufbar.

EIN BUCH DER EDITION MICHAEL FISCHER

1. Auflage 2023

Reihengestaltung: Yvonne Witzan
Projektleitung & Lektorat: Lena Buch, Nina Schlager
Cover & Satz: Emilia Ruppel

Bilder: Cover, S. 13, 15, 19, 23, 31, 33, 43–47, 51: Britta Welzer & Svenja Mattner-Shahi, Berlin; S. 6–7: Sabrina Sue Daniels, Frankfurt a.M.; Illustrationen S. 8-9: © Adehoidar/shutterstock; S. 17, 25–29, 35–39, 49, 53, 55: Lena Pfetzer. Waghäusel; S. 21, 41, 61, 63: Guido Schmelich, Holzkirchen; S. 57, 59: Katharina Küllmer, Espenau

Rezepte: S. 6–7: Rose Marie Donhauser; S. 8–9, 40: Mora Fütterer; S. 12, 18, 22, 30, 32, 42–46, 50: Tanja Dusy; S. 14: Britta Welzer & Svenja Mattner-Shahi; S. 16, 24, 26, 34–38: Zora Klipp; S. 20, 60, 62: Guido Schmelich; S. 28, 48, 52, 54: Inga Pfannebecker & Tanja Dusy; S. 56, 58: Katharina Küllmer

ISBN: 978-3-7459-1573-0

Gedruckt bei PNB Print SIA „Jansili“, Silakrogs, Ropazu novads, LV-2133, Lettland

www.emf-verlag.de